No es lo que dices,

sino cómo lo dices

Michael Parker

Traductora: Elena Preciado Gutiérrez

No es
lo que dices,

sino cómo
lo dices

Título original: *It's not what you say, it's the way you say it!*

Traducción: Elena Preciado Gutiérrez
Diseño de portada: Marvin Rodríguez
Fotografías de portada: © Shutterstock / Complot
Tipografía a mano en español: Sara Uresti / Tandem
Diseño de interiores: Luis Méndez

© 2014, Michael Parker
© 2014, Ilustraciones de Michael Parker.

Publicado originalmente por Vermilion, un sello de Ebury Publishing. Una compañía de Random House Group Limited.

Todos los derechos reservados.

Derechos mundiales exclusivos en español, publicados mediante acuerdo con Vermilion, un sello de Random House Group Limited, 20 Vauxhall Bridge Road, London SW1V 2SA.

© 2017, Editorial Planeta Mexicana, S.A. de C.V.
Bajo el sello editorial DIANA M.R.
Avenida Presidente Masarik núm. 111, Piso 2
Colonia Polanco V Sección
Deleg. Miguel Hidalgo
C.P. 11560, Ciudad de México
www.planetadelibros.com.mx

Primera edición: febrero de 2017
ISBN: 978-607-07-3847-0

Impreso en los talleres de Litográfica Ingramex, S.A. de C.V.
Centeno núm. 162-1, colonia Granjas Esmeralda, Ciudad de México
Impreso y hecho en México - *Printed and made in Mexico*

LANZAR

Pensuadir

Actuar

Presentar

Proponer

Predicar

NEGOCIAR

No es lo que dices, ¡sino cómo lo dices!

Michael Parker

Para Eliza

A Derick Walker, por su constante flujo de ideas y conocimiento; Roger Kennedy y Richard Myers, por su sabiduría; Amanda Lees, mi guía en las dificultades de la industria editorial; Imogen Sage, por traer la voz de una actriz; Eliza, por agregar su magia creativa; mis hijas, Laura y Hannah, por mantenerme en la tierra, y Sam Jackson, por su transformadora edición.

ÍNDICE

REGLAS BÁSICAS

PREPARACIÓN

LANZAMIENTO

ACTUACIÓN

PERFECTO

Reglas

básicas

Estas son mis reglas, si no te gustan... bueno, tengo otras.

Groucho Marx

NO ES LO QUE DICES...

Cuando nos enfrentamos a los reflectores, la mayoría de nosotros tiende a centrarse en el contenido, en el *qué* vamos a decir, en vez de en la manera de hablar (el *cómo* lo decimos). Esto marca la diferencia entre los oradores mediocres y los grandiosos.

El impacto de tus palabras en el público proviene principalmente de tu tono de voz y tu lenguaje corporal. Aunque esto no se puede medir con precisión, la Agencia de Seguridad Nacional de Estados Unidos hizo un estudio fascinante donde demostró la importancia de la forma de hablar en público.

Se pidió a tres grupos de investigación que juzgaran si los sospechosos habían dicho la verdad en 300 casos criminales ya resueltos. Un grupo sólo escuchó las entrevistas y acertaron en 55%. Otro las observó sin sonido y tuvieron 65% de aciertos. En cambio, los que vieron y oyeron las entrevistas lograron un puntaje correcto de 85%.

Los discursos de Martin Luther King eran bastante elocuentes en su forma escrita, pero la inspiración aparece cuando vemos y oímos su actuación en el famoso discurso «Tuve un sueño». Las palabras se vuelven emocionantes.

No dudaría en asegurar que un discurso mediocre apoyado por todo el poder de la forma de hablar en público será más impresionante que el mejor discurso sin ese poder.
QUINTILIANO, *INSTITUTIO ORATORIA*

LA GENTE COMPRA GENTE

Ya sea que estés en una entrevista, una audición o dando un discurso, hay una cosa que todos tienen en común: te están juzgando. Quizás una audiencia, un panel o (en algunos casos más sorprendentes) tus propios amigos y colegas.

Cuando te preparas para el gran momento, es muy probable que te concentres en escribir tu discurso, arreglar tu currículum y practicar tu técnica, pero tal vez olvides la regla esencial aprendida por los antiguos comerciantes. Sabían que antes de vender sus enciclopedias, tenían que *venderse ellos.*

Casi se puede decir que el carácter es el medio de persuasión más efectivo.
ARISTÓTELES

SI NO LES GUSTAS,
NO TE COMPRARÁN

Es una frase obvia, pero muchas veces ignorada. Tus certificaciones y habilidades pueden ser excepcionales o hacer que seas digno de admiración de forma indiscutible... pero si no les gustas, no te comprarán.

Por suerte, la mayoría del tiempo, muchos de nosotros somos simpáticos cuando estamos entre amigos y cuando las cosas van bien. Somos menos agradables cuando nos sentimos estresados o inseguros (sentimientos que se intensifican cada vez que estamos bajo los reflectores).

Para contrarrestar esto y mantener tu simpatía natural, prepárate y ensaya.

¡Ensayar hace más agradables a las personas agradables! Mandela cultivó su imagen positiva en cada aspecto de su apariencia, en particular su maravillosa sonrisa.

LA GENTE ACTÚA UNA EMOCIÓN, LUEGO LA JUSTIFICA CON RAZÓN

Casi siempre se considera que la mente humana se divide en dos partes: emocional y racional.

Entendemos el poder activo de la emoción cuando reaccionamos ante el miedo, actuamos por amor o avaricia o hacemos cosas contra nuestro mejor juicio. Comprendemos esto y aun así, cuando nos enfrentamos a una audiencia, nos concentrarnos en nuestras *mentes* (no en nuestros corazones) por la persuasión que supone una respuesta racional. Perfeccionamos los argumentos, revisamos los textos y afinamos hasta el último minuto. Pero dejamos a un lado la emoción.

Ignoramos los consejos del legendario Dale Carnegie, quien nos dijo en su trascendental libro *Cómo ganar amigos e influir sobre las personas*:

«Cuando tratamos con la gente debemos recordar que no tratamos con criaturas lógicas. Tratamos con criaturas emotivas, criaturas llenas de prejuicios e impulsadas por el orgullo y la vanidad».

Olvidamos que la emoción lleva a la acción, mientras la razón sólo guía a las conclusiones. Nos olvidamos de los sentimientos.

He aprendido que la gente olvidará lo que digas, olvidará lo que hagas, pero nunca olvidará cómo la hiciste sentir.
MAYA ANGELOU

LA PASIÓN PERSUADE

Una de las definiciones de pasión es: «Emoción intensa, absorbente y convincente». Si estás genuinamente apasionado por un tema, ya llevas la mitad del camino para ser capaz de persuadir.

La pasión es contagiosa, así que déjala salir, no la contengas, con ella puedes ser invencible.

Sin embargo, habrá ocasiones inevitables donde no sientas pasión. En esos casos, no digas que la sientes. Se verá falso.

Cuando la pasión no es real, el entusiasmo, interés y buena disposición son motivaciones poderosas para ti y tu público, así que trabaja con ellas.

Pero si puedes, encuentra la pasión.

Tal vez mi peor cualidad es ser muy apasionada sobre lo que creo correcto.
HILLARY CLINTON

LA MEJOR SALSA DEL MUNDO ES EL HAMBRE

CERVANTES, PROVERBIO DEL SIGLO XVI

Escoger entre candidatos o presentaciones similares, excelentes y meritorios no es fácil. Las propuestas pueden ser convincentes y los argumentos persuasivos, pero, por lo general, la verdadera decisión surgirá de la percepción de los jueces sobre *quién está más hambriento*.

El hambre no es algo que proclamas. La irradias al ser determinado, al hacer más, preguntar más, levantar todas las piedras. Una actriz famosa a nivel mundial estaba hambrienta cuando presentó su película *Invencible:*

Esto ha sido lo más difícil que he hecho. Tuve horas de llamadas telefónicas e hice todos esos tableros. Tomé pegamento, cinta adhesiva, saqué fotos de internet... puse mis tableros en una bolsa para basura, los llevé a Universal, los saqué y di el discurso de mi vida.

ANGELINA JOLIE

SI NO GUÍAS, NADIE TE SEGUIRÁ

Cada presentación es una batalla.

Una batalla contra el tiempo, contra rivales.

Y cada una necesita energía, preparación y actuación.

Las victorias evidentes son raras. Muchas veces, lo que hace la diferencia al ganar –igual que en el campo de batalla– es el liderazgo.

No importa si eres independiente o diriges un equipo.

Encárgate de la situación.
Sé atrevido. Inspirador. Valiente.

Cuando te pongan al mando, encárgate.
GENERAL «STORMIN» NORMAN

HAZ QUE LA AUDIENCIA
SEA TU AMIGA

El público no es tu enemigo.

Cuando estás bajo los reflectores, en particular la primera vez, es fácil pensar que la audiencia está en tu contra: un grupo incorpóreo sólo esperando que te equivoques. ¡No es el caso!

No están ahí bajo tortura o sufrimiento. Por lo general, están ahí porque quieren; tienen ganas de conocerte y ser parte de una experiencia interesante.

No eres *tú* contra *ellos*. Al contrario, aportan intereses y energía que puedes usar y comparten el momento contigo.

Incluso aunque sólo tú hables, imagina tu presentación como una animada conversación entre amigos.

¿No destruyo a mis amigos cuando los hago mis amigos?
ABRAHAM LINCOLN

31

TODO SE TRATA
DE LA CONEXIÓN EMOCIONAL

Tu propuesta fue a prueba de balas.

Tu entrevista fue perfecta.

Tu conferencia fue reveladora.

Tu discurso fue profundo.

PERO...

¿Hiciste conexión emocional?

LAS CINCO REGLAS
DE LA RETÓRICA

La retórica se puede definir como el arte de la persuasión: influenciar con palabras en vez de con fuerza. Se dice que los más grandes maestros de este arte fueron los antiguos escritores Aristóteles, Cicerón y Quintiliano. Y fue este último, el retórico hispanorromano, quien dijo:

«Todo el arte de la oratoria, como los mejores escritores han pensado, consiste en cinco partes: invención, organización, estilo, memoria y forma de hablar».

En la actualidad, cada uno de estos elementos es tan valioso para crear una comunicación efectiva como hace 2000 años, cuando los enseñaron por primera vez.

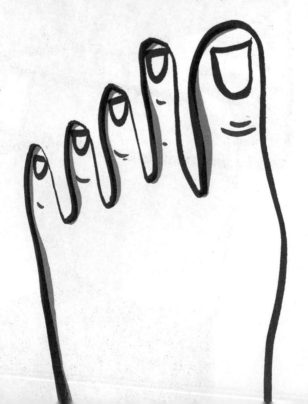

1. **INVENTIO** (invención)

Es el estado donde exploras todas las rutas posibles para hablar sobre tu tema, teniendo en mente los intereses de tu audiencia.

Del latín *invenire* (encontrar) y el griego *heuristic* (descubrir), esta etapa llama a la investigación e imaginación.

El objetivo es encontrar una idea que será el marco de todo lo siguiente, una idea que provoque un:

¡Eureka!

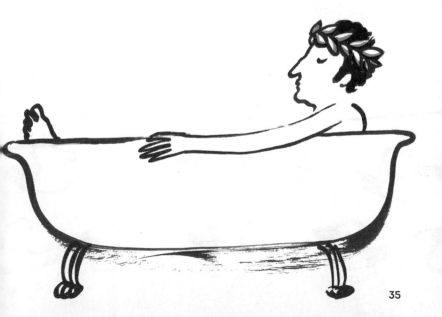

2. *DISPOSITIO* (organización)

Es el proceso de organizar tus argumentos para dar el máximo impacto. En griego, la palabra es *taxis* (organizar las tropas para la batalla).

Un discurso tiene seis partes principales:

i.   *Exordio*, «preparar a la audiencia de tal manera que estén dispuestos a escuchar con atención el resto del discurso» (Quintiliano).

ii. *Narración*, donde expones el tema de tu presentación.

iii. *División*, donde resumes los argumentos que vas a tratar. Le dices a la audiencia qué esperas, facilitando el seguimiento.

iv. *Prueba*, los argumentos de principio a fin.

v.   *Refutación*, la destrucción de cualquier argumento opuesto.

vi. *Peroración*, un resumen de tus puntos clave, guía hacia una conclusión enérgica y contundente con un recurso emocional que deja una impresión duradera.

3. *ELOCUTIO* (estilo)

Se trata de cómo hacer que tu audiencia quiera escuchar tus ideas y tu argumento: la forma en que la impresionas.

Muchas veces el estilo se describe como el uso extraordinario del lenguaje. Debe ser correcto, claro y apropiado, pero animado con ornamento (un uso no convencional del lenguaje).

Las preguntas retóricas, los giros inteligentes de las frases y las figuras sorprendentes de un discurso son parte de esto.

Sobre todo, tu estilo tiene que ser perfecto para la audiencia. Debe verte como si hablaras «su» lenguaje (revisa la página 89).

4. *MEMORIA* (memoria)

Es el proceso de aprender y memorizar tu discurso para decirlo sin tener que usar notas. Como en la Antigüedad el papel era raro, los oradores tenían que memorizar sus discursos para no dejar de hablar en el foro.

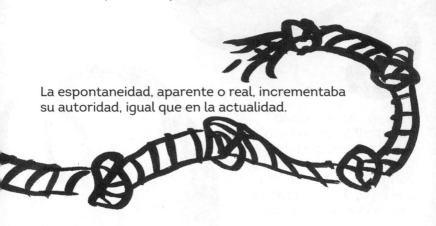

La espontaneidad, aparente o real, incrementaba su autoridad, igual que en la actualidad.

En vez de memorizar o leer un texto, la mejor solución «espontánea» es preparar notas con referencias. Suponiendo que tienes un conocimiento razonable de tu contenido, éstas sólo necesitan llevar los títulos clave y los indicadores que te mantendrán en el buen camino.

Los mismos indicadores, junto con pausas consideradas, ayudarán a que tu audiencia te perciba más memorable, el otro aspecto de *memoria*.

5. *ACTIO* (forma de hablar)

Al parecer, cuando Cicerón paraba de hablar la gente decía: «Qué bien habla», pero cuando Demóstenes terminaba decían: «¡Vamos! ¡En marcha!».

Si le preguntaban cuál era el componente más importante en la oratoria, Demóstenes respondía: «LA FORMA DE HABLAR». Al preguntarle cuál era el siguiente en importancia, contestaba: «LA FORMA DE HABLAR», ¿y el tercero?, «¡LA FORMA DE HABLAR!».

Prepa

ración

Descubre los medios de persuasión más disponibles.

Aristóteles

HAZ TU TAREA

Preparar cualquier presentación en vivo necesita multitareas. Eres tu propio escritor, actor, coreógrafo, director, productor e... investigador.

En este último rol, debes explorar y analizar todo lo que podría resultar útil. Considera lo relacionado con esta audiencia, momento, lugar y ocasión en particular.

Por lo general, los menos experimentados se avientan a una solución, casi siempre la más predecible, antes de reunir un conjunto de conocimientos en su cabeza y jugar con ellos. Una vez que empieces por el camino elegido, es difícil cambiar a una ruta más interesante.

¡Tómate un tiempo de investigador! Tiempo para buscar diferentes acercamientos o enfoques y pensar con originalidad.

Si tengo una hora para resolver un problema, paso 55 minutos pensando en el problema y 5 minutos en las soluciones.
ALBERT EINSTEIN

PONTE EN SUS ZAPATOS

Todo empieza con entender a tu público.

¿Quiénes son? ¿Por qué están ahí? ¿Qué quieren?

Algunas respuestas serán obvias y otras pueden investigarse, pero la última pregunta requiere (muchas veces sin conseguirlo) un pensamiento serio y conjeturas inteligentes.

Para obtenerlo debes ponerte en sus zapatos.

¿Aprenderán algo nuevo que les será útil o les ayudará en sus decisiones? ¿Resolverán algún problema? ¿La solución prometida será diferente o inesperada? ¿Qué ganarán? ¿Se sentirán tranquilos, emocionados, optimistas, positivos o conmovidos?

Nota la naturaleza personal de las preguntas. Mientras mejor te sintonices con la longitud de onda de tu audiencia, mayor impacto ejercerás en ella.

No es que yo sea tan inteligente. Es sólo que me quedo más tiempo con las preguntas.
ALBERT EINSTEIN

SI QUIERES QUE TE ESCUCHEN, ESCUCHA

Cuando te preparas para enfrentar a una audiencia, tal vez por primera vez, es fácil caer en la trampa de esforzarte por ir directo al grano, expresando lo que quieres decir en vez de lo que quieren escuchar.

Dos de los mejores presentadores-entrevistadores fueron David Frost y Alan Whicker. Compartían la característica de ser magníficos oyentes. Permitían que sus entrevistados hablaran y bajaran la guardia, lo que generaba una comunicación de dos vías fascinante y reveladora.

La gente te escucha si tú la escuchas.

El conocimiento habla, pero la sabiduría escucha.
JIMI HENDRIX

Me embutís en el oído esas palabras contra mis ganas de oírlas.

William
Shakespeare

50 PALABRAS PARA ENAMORAR

Debes condensar toda tu historia o discurso en 50 palabras persuasivas, palabras que atrapen los corazones, no sólo los cerebros. A veces, esto se llama *elevator pitch* (presentación y lanzamiento).

Incluso si vas a hablar o presentar durante una hora o más, necesitas tomar lo esencial para establecer lo que desarrollarás y adornarás después.

Crear un discurso rápido o un resumen no sólo aclara tu pensamiento, también permite que tu público sepa lo que hay guardado, abre su apetito y refuerza el entendimiento de tu mensaje y por qué es importante para ellos.

Estas son mis 28 palabras:

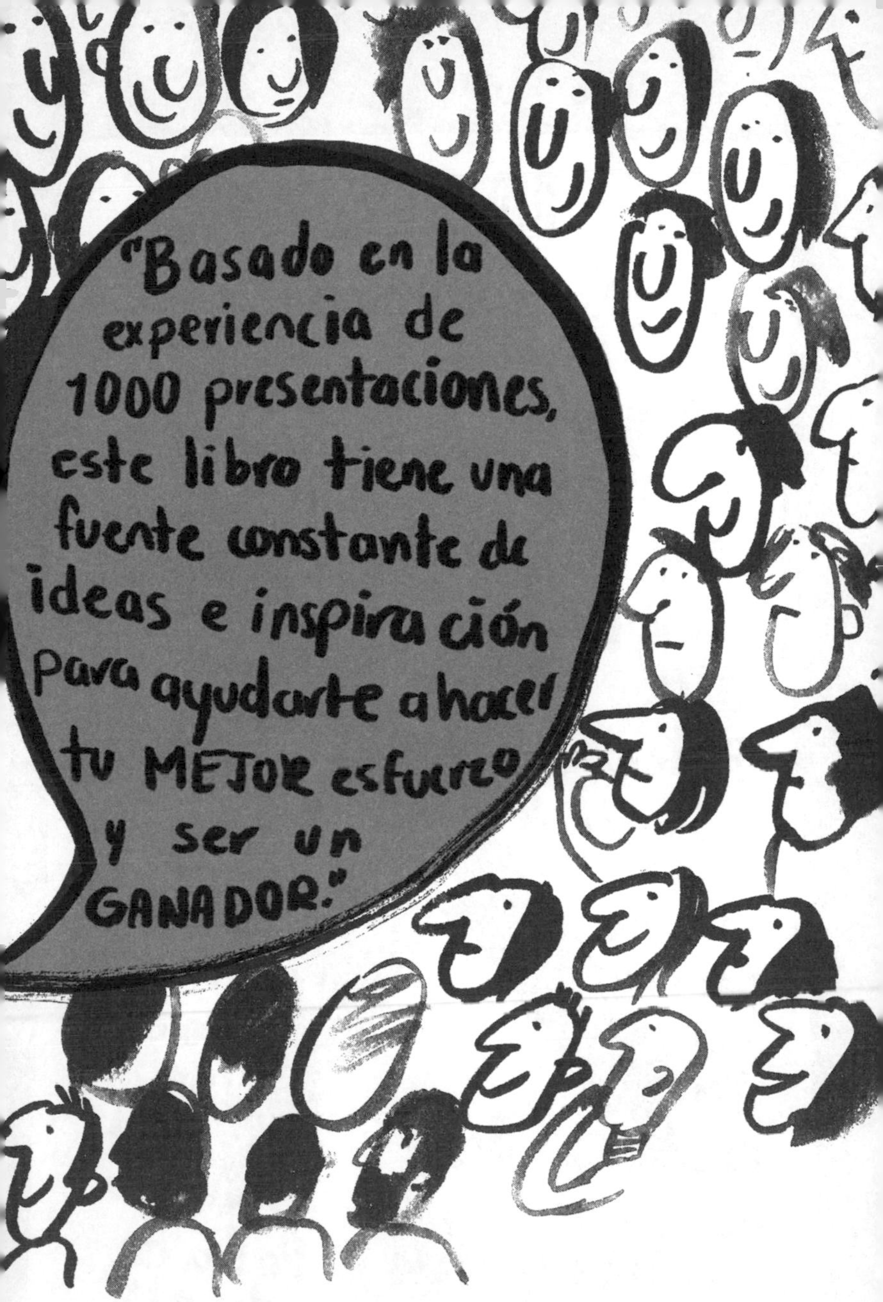
"Basado en la experiencia de 1000 presentaciones, este libro tiene una fuente constante de ideas e inspiración para ayudarte a hacer tu MEJOR esfuerzo y ser un GANADOR."

LISTA
DE COMPRAS

Manzanas
otras frutas
Algo de papayas
King Edwards
Ajos
Fideos
Germinado de
soya
Tocino
Salmón
Sal s
Jam
Queso Chedar
3sopas
Mantequilla

Leche
yogurt
Pes
De
eso
elado
Jugo de
Manzana
Vino
Pan de
Centeno
Pastillas
arina de
igo
tal
Shampoo
Pasta de
diente

OMNE TRIUM PERFECTUM:
LA ÚTIL REGLA DE TRES

Las listas tienen su lugar: muchas veces en la puerta del refri como recordatorio de lo que debes hacer o comprar. Sin embargo, no sirven cuando quieres comunicarte con la audiencia.

Tal vez tengas 20 puntos urgentes que expresar pero, sin importar la increíble forma en que los digas, el público no los asimilará si no tienes una estructura simple que los guíe.

Para facilitarles las cosas, necesitas organizar o agrupar tu argumento en no más de tres áreas que sustenten tu tema. Así, los TEMAS CRUCIALES se pueden separar en IMPORTANTES, SUPERIMPORTANTES y FUNDAMENTALES.

Cada uno de estos se puede desarrollar por separado, pero con no más de tres puntos.

Usa el esquema de la página siguiente para planear tu próxima actuación frente a una audiencia.

COMENTARIOS INICIALES ⎯⎯⎯

PROPUESTA ⎯⎯⎯

INTEGRADO POR TRES TEMAS ⎯

CONCLUSIÓN DE LOS TEMAS ⎯⎯

CONCLUSIÓN GENERAL ⎯⎯

CIERRE EMOCIONAL ⎯

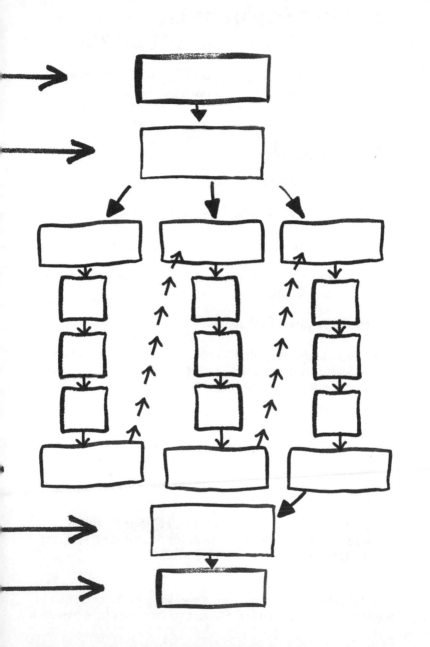

DEMOSTRACIÓN DE LA ESTRUCTURA DE UN DISCURSO

Sigue esta estructura simple para organizar el contenido y entregarlo con seguridad, confianza y claridad.
(Las palabras escritas a máquina representan un guion hipotético y las que están a mano son tus recordatorios de «actuación».) Prueba leerlo en voz alta y luego inventa tus propios recordatorios.

(INICIA PARA CONECTAR CON LA AUDIENCIA FÁCILMENTE)

«¡Buenos días!». Levanta la vista, sonríe, PAUSA

«Mi nombre es Michael Parker». Levanta la vista, sonríe, PAUSA

«Es maravilloso ver a tantos amantes del golf reunidos en este día». Sonríe, PAUSA

(LEVANTAR EL RITMO EMOCIONAL)

«Hoy les hablaré del golf. Compartiré mis puntos de vista sobre las razones por las que más gente debería empezar a practicar ¡el mejor de los deportes!».

PAUSA

«Para hacerlo, examinaré las tres características que hacen este juego tan especial para todos nosotros».

PAUSA

«La primera es la naturaleza única del juego... PAUSA
Después, tenemos el placer de estar al aire libre, PAUSA
y por último el aspecto social...». PAUSA

Las PAUSAS harán que te veas seguro y permitirán que la audiencia te siga el ritmo. Marcar tus temas clave (revisa la página 122) te ayudará a memorizar tu discurso y a que tu audiencia vaya por el mismo camino.

(LAS RAZONES)

«Primero hablemos de la naturaleza única...». PAUSA
-Explícala usando no más de tres temas para este punto, luego resume y PAUSA

«Ahora veamos los placeres de estar al aire libre...». PAUSA
-Extiéndete en las delicias de hallarse afuera cuando mucho con tres puntos... PAUSA ... resume... PAUSA

«Por último, tenemos el extraordinario aspecto social...».
PAUSA
-Desarróllalo utilizando tres elementos máximo... PAUSA... resume... PAUSA

(DE LA RAZÓN A LA EMOCIÓN)

«En conclusión...».
- Recuerda de manera breve la forma en que las características, el aire libre y el lado social hacen del golf «el mejor»... PAUSA... y termina poderosamente...

«¿Cómo puede alguien en sus cinco sentidos resistirse a jugar golf?».

EL TIEMPO VUELA;

¡maldita sea!

Dorothy Parker

PARA SER EL PRIMERO NO ACTÚES DE ÚLTIMO MINUTO

Reserva un tiempo para prepararte.

Claro, cualquier presentación trae una descarga de adrenalina y la emoción del momento, pero muchas veces dejamos las cosas para el último minuto.

Si lo haces, corres el riesgo de que, cuando llegue el gran día, estés apresurado y fuera de control, además de experimentar el nerviosismo que ya sientes.

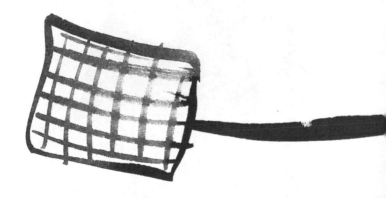

Desde el primer día, en el momento que sabes que una «actuación» se acerca, piensa en tu estrategia, prepara un plan de ataque y síguelo.

Mientras más pronto empieces a prepararte y ensayar, te sentirás más relajado, seguro y... ganador.

PRODUCTIVIDAD

mañana

ENERGÍA. EL SUPERCOMBUSTIBLE QUE SE RECARGA EN LA MAÑANA

La energía es contagiosa. Tu audiencia la consume y te la regresa. Todo el mundo está prendido. Sin ella, tanto el público como tú se sentirán desanimados.

Quizás enfrentas una oportunidad de una-vez-en-la-vida y sólo tú y tu mayor esfuerzo energético la aprovecharán bien. Evita caer en la trampa de añadir las intensas demandas de preparación a una rigurosa rutina diaria. Más bien, establece tus prioridades a favor de ¡la hora del show!

Trata de alcanzar el beneficio del concepto *energía matutina*. La mayoría de los individuos y todos los equipos están más frescos por las mañanas. Esto aplica también para las audiencias, así que siempre intenta presentarte más temprano en vez de más tarde.

La energía es el 75% del trabajo. Si no la has conseguido, sé agradable.
PAUL ARDEN

arde   noche

TIEMPO PARA PLANEAR CÓMO HABLAR

Muchas veces, cuando empezamos a escribir un *speech* o preparar una entrevista, usamos un lenguaje diferente al de todos los días, y cuando lo decimos en voz alta termina sonando demasiado formal, pomposo o poco natural.

El secreto es que tu discurso suene como tú, pero mejor. Usa un español estándar cuando expreses tus pensamientos e ideas. Piensa que se trata de una animada conversación.

Ya sea que decidas leer tu *speech* (sólo si debes hacerlo), decirlo a partir de tus notas (revisa la página 125) o, mejor aún, aprendértelo de memoria usando indicadores (revisa la página 122), en los tres casos habla con claridad.

Usa oraciones cortas. Esto las hará contundentes y memorables.

Puedes grabarte para escuchar cómo suenas. ¿Las palabras que usaste te traban la lengua? ¿Te sientes cómodo diciéndolas? ¿Suenan a ti?

Ensaya hasta que te sientas seguro.

El objetivo es sonar natural, improvisado, incluso espontáneo.

La simplicidad es la sofisticación extraordinaria.
LEONARDO DA VINCI

LA AYUDA VISUAL SÓLO ES BUENA IDEA CUANDO MUESTRA UNA BUENA IDEA

Gráficos, PowerPoint, apoyos visuales, videos, contenidos de Twitter... todos pueden ayudar un poco a mejorar el entendimiento y el disfrute de la audiencia. Pero eso no significa que debas usarlos.

Agrégalos sólo si mejoran la comunicación para determinadas audiencias o lugares. Son la cereza del pastel, no el pastel.

No empieces con la suposición automática de que necesitarás 20 diapositivas de PowerPoint. Comienza con tu propuesta y estructura, escribe el contenido básico y después (sólo después) usa tu imaginación para buscar apoyos visuales (ideas) que agreguen significado, sorpresa, drama o memoria.

SI FRACASAS AL ENSAYAR, PREPÁRATE PARA FRACASAR

La mayoría estará de acuerdo en que para actuar bien debes ensayar, pero casi nadie lo hace. ¿Por qué? Estas son las cinco excusas más comunes:

- «No me dio tiempo». Hazte un tiempo. Dejar el ensayo hasta la fecha límite no es una opción.

- «El guion necesita una revisión». Un guion decente y bien ensayado será mucho mejor que uno «perfecto» sin ensayar.

- «Los apoyos visuales no están listos». Tú eres más importante. Ensaya sin ellos.

- «Quiero guardar mi energía». Estás evitando la incomodidad del ensayo.

- «Afectará la espontaneidad». Mientras más ensayes, más seguro te sentirás, lo que da pie a la espontaneidad.

La mayoría de las excusas son una manera de decir: «No puedo enfrentarlo». Así que debes «sentir el miedo» y ensayar de todas formas.

Cuando Grayson Perry participó en las *Reith Lectures*, unas conferencias anuales transmitidas a través de la radio, impresionó por su enfoque fresco, atractivo y aparentemente improvisado. Al presentarlo, Sue Lawley dijo: «Es uno de los pocos que ha cumplido con las fechas límites acordadas para la entrega del texto y el único, que yo conozco, que pide un ensayo general».

ENCUENTRA A ALGUIEN NEUTRAL QUE JUZGUE TU ENSAYO
(no tu pareja, por ejemplo)

Siempre que estés bajo los reflectores necesitas actuar, para eso debes ensayar. Esto no es lo mismo que un ensayo general, donde revisas todas las cosas prácticas: tiempos, apoyos visuales, equipo, horarios, ubicación, entregas, puesta en escena y demás.

El ensayo es precisamente para saber qué se lleva la audiencia, no qué le aportas.

Esto significa que necesitas un público, alguien en quien confíes, cuyo rol principal no sea criticar el contenido, sino alentarte, aumentar tu confianza y decirte cómo dar cierta impresión.

Pregúntale: ¿Mi lenguaje corporal es correcto? ¿Cómo se oye mi nivel de voz? ¿Hago las pausas suficientes? ¿Mantengo mi nivel de energía? ¿Levanto la mirada? ¿Hago contacto visual?

¿Qué hay de los momentos memorables? ¿Hay partes aburridas? Sólo Alfred Hitchcock, el maestro del suspenso, podría salir diciendo: «Siempre haz que la audiencia sufra lo más posible».

El público debería disfrutar tu actuación. Tú también.

TU CONCLUSIÓN.
LAS COSAS SÓLO PUEDEN
MEJORAR

Amelia Earhart, la primera mujer que voló sola a través del Atlántico, dijo: «Es mucho más fácil empezar algo que terminarlo».

Esto también se aplica para muchas actuaciones en público.

Por lo general, los ensayos se concentran en el principio del discurso, no en la conclusión. Justo el gran día, algunas personas no se tranquilizan de forma adecuada y pierden la fuerza. Otras ya quieren salir del «escenario» y no logran dejar una impresión final duradera.

Tu conclusión es la oportunidad de reforzar tu mensaje clave y dejar un recuerdo en la mente.

Pero, sobre todo, es la oportunidad para dejar ir, tomar un riesgo, terminar en alto y apuntar directo al corazón.

Termina con una explosión, no con un quejido.
PROVERBIO CONTEMPORÁNEO

Lanza-
miento

Quien nunca se aventura nunca gana.

Sun Tzu,
El arte de la guerra

LA PRIMERA IMPRESIÓN CUENTA

Uno, dos, tres, cuatro, cinco, seis, siete segundos... o menos.

Es el tiempo que tomamos para evaluar a la gente en la primera reunión. Esto es instintivo, gobernado por nuestra reacción visceral hacia el lenguaje corporal, la expresión y el tono de voz de alguien.

Por eso es importante considerar cómo entras en la habitación, cómo caminas, mueves las manos, te paras, te sientas, sonríes (por favor) y dices tus primeras palabras («hola» o «buenas tardes»). Vale la pena practicar tu entrada una, dos, tres, cuatro, cinco, seis, siete veces.

Las primeras impresiones se forman de manera instantánea e influirán en todo lo que viene después.

Nunca tendrás una segunda oportunidad de causar una primera impresión.
ANÓNIMO

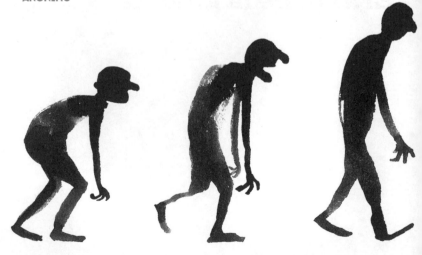

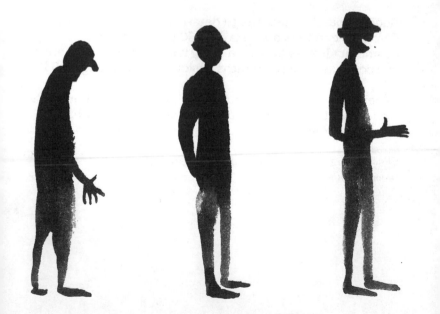

UN INICIO EXITOSO
SIGNIFICA UN FINAL EXITOSO

Tal vez te dieron 20 minutos o más para exponer tu caso, dar un discurso, argumentar para recaudar fondos, etc. Eso no significa que tu audiencia esperará hasta que termines de hablar para tomar decisiones. Muchas veces sacarán sus conclusiones mucho antes de que llegues al final.

La vital primera impresión, en los primeros segundos, eleva las expectativas. Los siguientes minutos deberían cumplirlas.

Aquí es cuando muestras tu determinación, te presentas. Empiezas con tu propuesta, las «50 palabras para enamorar» (revisa la página 50), y luego expones la agenda que seguirás: tus tres puntos básicos (revisa la página 53).

Hacer esto con claridad, autoridad y diversión tranquilizará y relajará a tu audiencia. Sabrán de dónde vienes y hacia dónde vas. Y estarán a medio camino de su decisión.

El secreto para salir adelante es comenzar.
MARK TWAIN

PARA INSPIRAR A OTROS, NECESITAS ESTAR INSPIRADO

Las entradas del *Oxford English Dictionary* para la palabra *inspirador* son las siguientes:

- que despierta un sentimiento: *inspirar confianza en los demás.*
- que influye u obliga: *inspirar un mayor esfuerzo.*
- que anima o vigoriza: *inspirar una acción específica.*

Tal vez no seas Martin Luther King, pero puedes ser inspirador, siempre y cuando encuentres algo en tus palabras que *te encienda*. Tal vez sea una creencia firme, la emoción por descubrir una solución nueva o una historia jamás contada.

Sin importar cuál sea tu combustible, aprovéchalo y úsalo para inspirarte; el resto vendrá solo.

Un niño, un maestro, un libro, una pluma pueden cambiar al mundo.
MALALA YOUSAFZAI

Había una vez...

CUÉNTALES UNA HISTORIA

En un *pitch*, nada es tan poderoso como una buena historia. La escritora A. S. Byatt, ganadora del premio Booker, dijo: «La narración es una parte tan importante de la naturaleza humana como el respirar y el circular de la sangre».

En Chicago, durante el cautivador discurso de su victoria electoral, el presidente Obama contó lo siguiente:

«Estas elecciones tuvieron muchas primicias y muchas historias que se contarán por generaciones. Pero esta noche recuerdo una, la de una mujer que emitió su voto en Atlanta. Se parece mucho a los millones de personas que hicieron fila para hacer que su voz se escuche en estas elecciones, excepto por una cosa: Anne Nixon Cooper tiene 106 años.

»Nació una generación después de la esclavitud; en una época donde no había carros en la carretera ni aviones en el cielo; cuando alguien como ella no podía votar por dos razones: por ser mujer y por el color de su piel».

Contó esta historia dándole vida a la promesa que le estaba haciendo al pueblo estadounidense.

«Ella estuvo ahí cuando los autobuses en Montgomery, las casas en Birmingham, el puente en Selma y el predicador de Atlanta le dijo a un pueblo: "Lo superaremos. Sí podemos"».

Hemos disfrutado las historias y nos hemos relacionado con ellas desde la niñez. Las amamos. Las recordamos. Si quieres aprovechar la emoción, encuentra una historia que conecte, ilumine y atrape.

APRENDE DE LOS GRIEGOS

Hace más de 2000 años, Aristóteles identificó los tres recursos o «pruebas» que están en el corazón de un orador persuasivo.

- *Ethos* es el encanto del personaje que habla.

- *Logos* es el recurso basado en un argumento racional.

- *Pathos* es el llamado a las emociones de la audiencia.

Sin pensar usamos los tres en nuestras conversaciones diarias, al decir algo importante. Cuando nos enfrentamos a la preparación de algo formal, casi siempre sólo nos concentramos en la razón (*logos*) asumiendo que *pathos* aparecerá de forma natural, y muchas veces ignoramos *ethos* por completo.

Es básico considerar cómo estos tres recursos trabajan juntos para llegar al argumento más persuasivo y convincente.

El todo es más grandioso que la suma de sus partes.
ARISTÓTELES

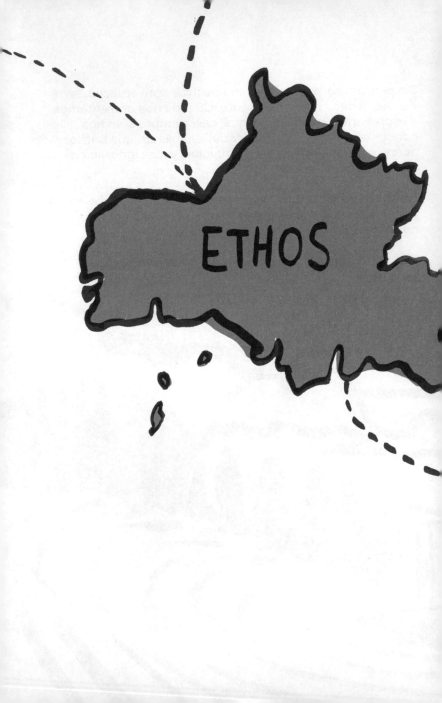

Si tu audiencia no siente que eres uno de ellos, hablas su lenguaje y, por tanto, vale la pena escucharte, no lo hará. No importa qué tan brillante seas.

Es esencial establecer un vínculo, una relación, entre tu público y tú en los primeros minutos.

Puedes lograr esto a través de tu apariencia, del lenguaje corporal y, no menos importante, del contacto visual y de un apretón de manos (si es apropiado) cuando hagas tu entrada. Luego, tus comentarios introductorios, antes de lanzarte directo al tema, deben dar una percepción de intereses compartidos, de terreno en común.

Entonces tu audiencia se relajará.
Estarás del otro lado.

La manera de tu introducción debe ser cercana en vez de distante, cierra la brecha entre tu audiencia y tú. Si estás sentado inclínate hacia adelante y cuando te pares muévete hacia tu público.

Ich bin ein Berliner! [¡Soy berlinés!]
PRESIDENTE KENNEDY, 1963, BERLÍN OCCIDENTAL

Logos es el núcleo de un ensayo bien escrito. Pero para la forma en que una audiencia viva recibe la información... es un poco diferente.

Los lectores pueden reflexionar, ponderar, hacer pausas o regresar a buscar el significado de algo a su propio ritmo.

El público vivo no tiene tales opciones. Si se pierden un paso en tu razonamiento, no pueden presionar pausa o repetición.

Necesitas mayor simplicidad, claridad de expresión y un flujo inequívoco de razonamiento. Evita los párrafos largos y complicados. Más bien, debe haber mucho sentido común y algunos ejemplos. Y tal vez puedes usar una máxima (una frase breve que diga poco pero haga mucho) para ilustrar tu pensamiento.

En la preparación, asegúrate de que tu premisa básica y los sustentos son indiscutibles, luego refuérzalos con el arsenal emocional.

No levantes la voz. Mejora tu argumento.
ARZOBISPO DESMOND TUTU

Logos generará la reflexión, pero la emoción guiará la acción. Y no cualquier emoción; quieres (o deberías querer) identificar un sentimiento compartido con tu audiencia (*pathos*) que sea el centro de tu llamado.

Puede ser enojo, indignación o miedo; optimismo, emoción u orgullo...

Debes usar un lenguaje brillante y convincente para atrapar emocionalmente a la audiencia, con palabras e imágenes que evoquen los sentimientos deseados.

Muchas veces, la forma más poderosa de influir en tu público y desencadenar la respuesta emocional es una historia o anécdota que dramatice tu tema.

Luego está la naturaleza apasionada de tu entrega: la *forma* en que lo dices. Para estimular a tu audiencia, déjalos percibir tus sentimientos.

No puedes hablar de lo que no sientes.
WILLIAM SHAKESPEARE, *ROMEO Y JULIETA*

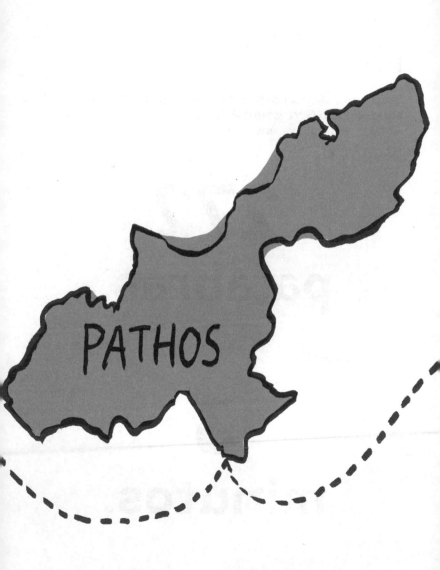

MIENTRAS MÁS EXTENSO MENOS IMPACTO

El discurso más famoso en la historia de Estados Unidos se conoce como *Gettysburg Address*. Fue pronunciado por Abraham Lincoln y tiene:

272 palabras.

Y dura menos de:

3 minutos.

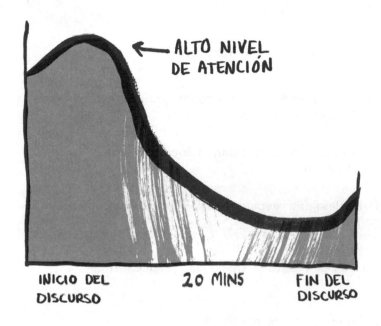

ALTO NIVEL
DE ATENCIÓN

INICIO DEL
DISCURSO

20 MINS

FIN DEL
DISCURSO

Puntos por considerar:
El periodo de atención de todo el mundo declina.

Es posible que la gente esté haciendo *networking* social (uso de las redes sociales) mientras hablas.

Una TED *talk* (videocharla motivacional) dura 18 minutos.

Un encuentro rápido dura 5 minutos.

PREGUNTAS Y

¿Qué tan importante es una sesión de P & R con los que toman las decisiones?

¿Cuánto tiempo debe durar la sesión?

¿Puedo prepararme para preguntas cuyas respuestas son desconocidas?

¿Habrán leído mi currículum o documento de presentación?

¿Debo dirigir mi respuesta al panel o a la persona que preguntó?

¿Cuál es el secreto de una buena respuesta?

¿Debo entrar en detalles?

¿Cómo se manejan las respuestas por equipo?

¿Vale la pena ensayar cuando no se conocen las preguntas?

¿Cómo puedo terminar de manera fuerte?

RESPUESTAS

En una entrevista es de suma importancia, pero también después de una presentación.

Si tienes el control, nunca dejes que la presentación formal se coma el tiempo de las preguntas.

Sí. Puedes anticipar el 80%.

Tal vez. En un panel promedio, menos de 50% lo habrán leído.

Al principio y al final, concéntrate y lúcete con el que te hizo la pregunta. Pero no ignores a los demás.

Tus modales y la forma de tu respuesta dan las pistas esenciales de tu personalidad y actitud.

Evita las respuestas largas. El juicio se basa más en tu respuesta inicial.

El jefe del equipo responde y pasa una pregunta a otro miembro del equipo. Evita múltiples respuestas.

¡Sí! Todavía estás en el escenario, en modo de actuación.

Prepara un breve agradecimiento. Termina con una nota positiva.

EL TEMIDO PANEL DE ENTREVISTADORES: QUÉ HACER Y QUÉ NO HACER

Los aspectos de evaluación por perfil psicográfico, los cuales pueden medir los rasgos de la personalidad, a veces se usan antes de los megalanzamientos, en la selección de un jurado o por los reclutadores. Sin embargo, la mayoría de los entrevistados conocerán a su audiencia por primera vez hasta el día de la presentación.

Irás a ciegas (en términos de las personalidades que enfrentarás), así que debes confiar en tus instintos para manejar tres tipos de respuestas principales:

AMABLE, NEUTRAL y DESAGRADABLE.

La mayoría de los entrevistadores es amable, muestra interés en ti y espera que lo hagas bien. Te hacen sentir cómodo y te escuchan. Esto facilita tu tarea. Interactúa con ellos, disfruta el encuentro, arriésgate y sigue adelante. Pero no dejes que el amable te haga caer en la trampa de sacarte del tema y hablar demasiado.

Los neutrales pueden ser participantes reacios o tal vez atentos pero prefieren no mostrarlo. Como resultado, hay una falta de interés, real o aparente, que desconcierta. No trates de compensar en exceso ni de esforzarte demasiado por obtener una reacción.

Los desagradables quieren ser el centro de atención y ejercer autoridad con preguntas difíciles, y algunos tal vez están actuando un rol. No te pongas a la defensiva y obviamente evita la confrontación. No respondas de forma apresurada.

Conserva la calma. Sé conciso, positivo y honesto. Mantén la compostura. La clave es la afirmación, no la agresión.

Recuérdame

DALES ALGO PARA RECORDARTE

Diste un *speech* bien preparado, un caso convincente para selección o simplemente fuiste encantador. Pero, ¿se acordarán de ti?

Unas horas o días más tarde, ¿cómo te recordarán los jueces después de todas las otras entrevistas y presentaciones que vieron?

Si eres totalmente brillante, entonces tal vez rememoren todo lo que dijiste. Pero eso es poco probable. La mayoría de nosotros debe conformarse con menos. Para asegurarte de que algo se quedó en la mente de los demás contesta este *Test memorable:*

Si no puedes poner una gran palomita en alguno de estos puntos, rápidamente serás olvidado.

Una historia convincente ☐

Una frase pegajosa ☐

Una obra de puro teatro ☐

Un escenario increíble ☐

Unos visuales sorprendentes ☐

Participación de la audiencia ☐

Lo mejor de todo: ¡una idea! ☐

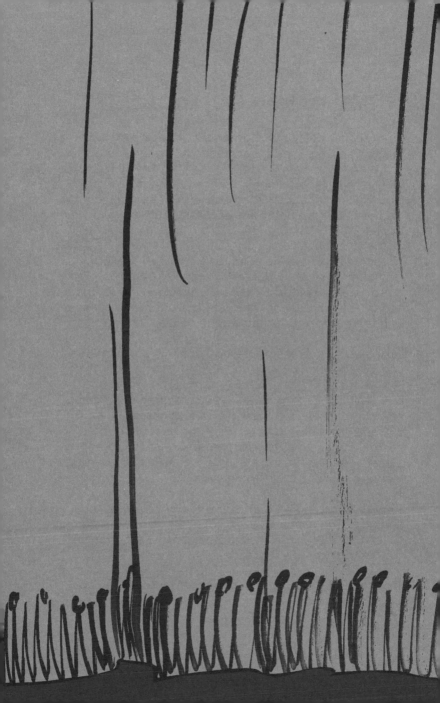

LUCES, CÁMARA... ¡ACCIÓN!

Es momento del *show*. Momento para encontrar al actor que hay en ti y ponerle teatralidad a lo que haces.

Piensa en las actuaciones memorables de Winston Churchill en la radio, Martin Luther King en el Lincoln Memorial o Steve Jobs al presentar su última innovación de Apple.

Tu escenario tal vez no sean los escalones del Lincoln Memorial, pero sin importar si tu audiencia es un entrevistador solitario y seco o una escandalosa fiesta de bodas, estás actuando. Te guste o no, estás en el escenario. Debes encontrar tu propio toque de histrionismo.

Las palabras que has preparado deben transformarse en una *experiencia*.

La imaginación y la puesta en escena pueden agregar energía. Considera el movimiento y la gesticulación, una entrada dramática, una historia convincente contada con sentimiento, elementos sorpresa, elementos de apoyo que añaden sabor e intriga, un escenario inesperado y, no menos importante, el tono de voz.

Tómate tu tiempo para entrar en personaje, igual que un actor. Con los ensayos te volverás más natural en el escenario, más espontáneo, creando una experiencia interesante y cautivadora.

El drama es la vida, pero sin los momentos aburridos.
ALFRED HITCHCOCK

Actua-
ción

Si la verdad fuera evidente por sí misma, la elocuencia no sería necesaria.

Cicerón

¿HABLAR? ¿EN PÚBLICO

Hasta el Papa se pone nervioso. He aquí cinco pasos útiles:

1. *Divide tu speech* en partes pequeñas, como si fueran un bocado (cada una de dos a cuatro minutos, no más) y entrégalas como si fueran mini-discursos separados.

2. *Domina tu inicio.* Tus primeras palabras han de ser las más asombrosas. Prepáralas cortas, simples de decir y de recordar, fáciles de escuchar. No deben ser ingeniosas ni bromistas.

3. *Memoriza tus indicadores* (las palabras clave que señalan cada idea principal) usando la regla de tres (revisa la página 53). Te mantendrán en el camino correcto y reducirán la necesidad de usar notas.

4. *Ensaya con alguien neutral* (actúa, no sólo leas). Entre más ensayes, menos nervioso estarás. Si ensayas solo, dilo en voz alta frente a un espejo.

5. *Practica las pausas* sobre todo. Detente para respirar profundamente. Haz un alto para pensar. Las pausas harán que *parezcas* seguro y *ayudarán* a tu confianza.

¿QUIÉN? ¿YO?

LOS *PITCHES* OCURREN EN LAS PAUSAS

CAROLINE GOYDER

Cuando estás hablando por teléfono, en una entrevista o presentación, lo más fácil que puedes hacer para reforzar tu confianza y mejorar la comunicación es una...

PAUSA.

Esto no significa que cambies la velocidad de tu discurso, lo cual es bastante difícil. Sólo es cuestión de practicar lo que todos hacemos de forma natural en las conversaciones diarias (pausamos para pensar, comprobar que nos entendieron y enfatizar). Incluso el parloteo nervioso puede dar la impresión de seguridad si haces una...

PAUSA.

En música, Claude Debussy dijo: «La música es el espacio entre las notas». Y el pianista Artur Schnabel afirmó: «No toco las notas mejor que muchos pianistas. Pero las pausas entre las notas ¡ah! Es ahí donde reside el arte».

Para muchos, en especial los menos experimentados, dominar la pausa es la forma más rápida y fácil para mejorar la comunicación hablada. Y la pausa no es nueva. Así la explicaban a los estudiantes en la antigua Roma:

Las pausas fortalecen la voz. Al separar los pensamientos, también hacen que estos aparezcan más claros y dejan al oyente tiempo para pensar.
ANÓNIMO, *RHETORICA AD HERENNIUM*

ENFRENTÉMOSLO: TODAS LAS ACTUACIONES TIENEN RIESGOS

No importa si eres un concertista de piano experimentado o un orador principiante, cualquier actuación tiene un elemento de riesgo. Incluso para Usain Bolt, cuya salida en falso le costó un título mundial. Es parte de la emoción para la audiencia. También es, o debería ser, una parte emocionante para ti: el artista.

Hay dos formas básicas de enfrentar el riesgo. Una es preocuparte hasta morir y mortificarte por la ley de Murphy: «Si algo puede salir mal, saldrá mal».

La otra es reconocer y aceptar los riesgos, confiando en tu habilidad para estar a la altura.

El trabajo realizado por el profesor Aaron Williamon, director de Performance Science en el Royal College of Music, demostró que esta habilidad se puede reforzar al *dominar la experiencia* de la actuación a través de la réplica constante y lo más parecida posible, durante el periodo previo.

Cuando ya estés familiarizado con tu material, practica solo (en voz alta, frente al espejo) y ensaya tu actuación en el «escenario» con público. Conforme enfrentes los diferentes grados de riesgo te sentirás más cómodo con él.

HABLA DESDE LA MEMORIA, NO DESDE LOS GRÁFICOS

Es muy fácil dejar que los gráficos den el discurso y se vuelvan el centro de atención.

Como se dijo antes, los apoyos visuales son valiosos si tienen ideas que agreguen claridad o impacto (revisa la página 64), pero, por muy convincentes que sean, no son tan importantes como *tú*.

Tu audiencia está mucho más interesada en ti, así que no te vuelvas esclavo de las palabras mostradas. Y definitivamente evita leerlas en voz alta.

Memoriza tus gráficos y ensáyalos para que sean un trampolín y te ayuden a actuar con espontaneidad y emoción.

Y si los gráficos no agregan nada, córtalos.

Allí donde habla el corazón, es de mala educación que la razón lo contradiga.
MILAN KUNDERA, *LA INSOPORTABLE LEVEDAD DEL SER*

SIN INDICACIONES
TE PUEDES PERDER

Visualiza tu discurso o presentación como un viaje para ti (el conductor) y tu audiencia (los pasajeros). El destino es la idea principal.

Para ayudarles (a ti y a tu público), es esencial señalar dónde estás y hacia dónde vas. Haz esto ofreciendo indicadores hacia tus tres temas básicos.

Señala estos temas clave, con pausas para agregar énfasis, al principio y en la conclusión de cada fase del viaje.

Entre más largo sea el viaje y más numerosa la audiencia, será más probable que las personas se distraigan y su atención se desvíe. Si esto pasa ¡ya las perdiste!

Usar los indicadores te mantendrá en el camino, evita que te pierdas, te enredes o te salgas por la tangente. Tu audiencia lo agradecerá.

L

EER

ES MALO

PARA TUS OJOS

Leer un discurso está bien... para la radio. Sin embargo, una audiencia que observa espera contacto visual.

En una conversación normal, no fijamos y sostenemos una mirada de láser, intimidando a nuestro escucha. Lo que hacemos es llamar su atención cuando empezamos para revisar si está con nosotros. Entonces tal vez apartemos los ojos de vez en cuando (para tomar aire, pausar, apuntar) pero al final de cada idea comprobamos la conexión antes de continuar.

Si vas a dar un discurso a partir de un guion completo o notas, debes imitar este patrón. Levanta la mirada al principio de cada enunciado (para verificar la atención) y al final (para comprobar el interés), leyendo lo que queda en medio.

Observa al presidente Obama dar un discurso a partir de un texto.

Si practicas lo suficiente, tu audiencia no notará que estás leyendo. Pero si no levantas la mirada (como si la ignoraras) no te escuchará.

ARRÉGLATE: ¿QUIÉN DIJO QUE EL AMOR ES CIEGO?

MAE WEST

Cuando queremos impresionar a alguien importante (invitado, amado, cliente, familia política) tratamos de vernos lo mejor posible. Al menos, nos damos una revisada en el espejo.

En la mayoría de las presentaciones, entrevistas y noviazgos, asume que tienes rivales casi tan atractivos como tú. Si ellos se preocupan más por su apariencia que tú, entonces tal vez te lleven una ventaja.

Esto puede ser injusto, o tal vez no, pero la realidad es: la apariencia influye en las decisiones.

Los lanzamientos se ganan por centímetros; no por kilómetros, así que no dejes nada al azar. ¡El accesorio más barato es una sonrisa!

Es como estar en una cita.
ROGER STERLING, *MAD MEN*

EL SERIO ASUNTO DEL HUMOR

«¿Qué creen? Me pasó algo chistoso camino a...». Así empezaban antes cuando querían ser cómicos, y a veces era chistoso.

A menos que seas un comediante natural (y muy pocos lo son) ni siquiera *intentes* ser gracioso. Decir bromas que funcionan es casi una forma de arte. Contar chistes que no funcionan es vergonzoso para ti y tu público.

No fuerces el humor; déjalo que salga de la situación al ser sorpresivo, al conseguir datos sorprendentes, al contar historias reales e interesantes, al revelar verdades inesperadas, al ser encantador y demostrar cuánto disfrutas de tu tema.

No trates de ser el siguiente Woody Allen: «Si quieres hacer reír a Dios, cuéntale tus planes».

VUÉLVETE PRETENCIOSO (SIEMPRE LO HABÍAS QUERIDO)

Cuando estés en el escenario, te juzgarán por tu lenguaje corporal.

Aparentemente hay alrededor de 700 000 signos diferentes, así que decidir cuál adoptar puede ser abrumador.

Por suerte, no necesitas hacer eso. Más bien recuerda: ¡si tienes una canción en el corazón, caminarás con alegría!

En otras palabras, antes de tu actuación, decide de qué humor quieres estar (optimista, feliz, seguro, entusiasmado, fanfarrón) y luego practica el lenguaje corporal adecuado.

Camina con un contoneo, disfruta llenar tus pulmones, agita los brazos en señal de victoria, mantén tu cabeza en alto, hombros abajo, sonríe a lo tonto en el espejo, adopta una pose de poder. Funciona. ¡Inténtalo ahora mismo!

Como dijo Amy Cuddy en su brillante TED *talk:* «¡Finge hasta transformarte!».

DIRIGE TU ESCENARIO

Igual que un actor, estás en el escenario desde el primer momento en que inicia tu presentación. Pero a diferencia de él, no tienes un director que te diga dónde pararte, cómo moverte, cuándo sentarte o quedarte quieto.

Así que debes ser tu propio director.

Siéntate donde la audiencia se sentará (ya sea de verdad o en tu imaginación). Dirige la impresión que puedes generar al tomar posesión de tu escenario, no importa si es una silla de entrevista o una plataforma.

¿Las sillas son demasiado bajas o los atriles demasiado altos? ¿Tú eres el centro de atención y no la pantalla? Si te pones de pie ante una autoridad, asegúrate de no invadir su espacio. Piensa cómo el movimiento puede añadir impacto.

David Cameron, en la conferencia del partido de 2005, eligió no esconderse detrás del podio como lo hicieron sus rivales. Habló sin notas, dirigió su escenario y fue visto como un líder. La poderosa Angela Merkel, canciller de Alemania, reorganizó las sillas en una conferencia para mejorar la comunicación.

Si ellos lo hacen, ¿no crees que tú también deberías?

¿ACABO DE HACER ESO?

Audiciones, entrevistas, discursos, conferencias, lanzamientos, presentaciones... todos tienen en común la necesidad de estar a la altura para actuar lo mejor posible. Pero esto no es fácil; se requiere una actitud y una estrategia que se deleite con los desafíos.

Puede decirse que la mejor estrategia la escribió un italiano llamado Baldassare Castiglione en el siglo XVI. En ella identificó dos principios que, cuando trabajan balanceados, producen una gran actuación.

El primero es:

Esto cubre todo: el trabajo duro, la preparación, el estudio, la práctica de la técnica, la metodología, el refinamiento y el ensayo. Todos son esenciales y su combinación dará una actuación digna y valiosa, pero no necesariamente inspirada.

El segundo principio es:

sprezzatura

Esta palabra fue acuñada por Castiglione y se ha descrito de muchas formas: la chispa vital, el rayo de luz, la osadía, el arte de la indiferencia, el toque de espontaneidad ridícula y ensayada, el descuido estudiado, la naturalidad practicada, el placer en la improvisación, el aprovechamiento y disfrute de lo desconocido...

Raramente se ven los dos de forma tan evidente como en el escenario más grande de todos: los Juegos Olímpicos. En Londres 2012, los ocho hombres más rápidos del mundo se colocaron en la línea de salida para los 100 metros. Cada uno había pasado cuatro años de dedicación y entrenamiento (*decoro*) preparándose para esta carrera.

Un hombre hizo más que ponerse a la altura. La palabra *sprezzatura* tal vez fue acuñada para Usain Bolt, el hombre más rápido del mundo, y, en ese momento, su mayor intérprete.

SÓLO UNA ÚLTIMA COSA. SÉ TÚ MISMO. PERO MEJOR

Este es el típico consejo bien intencionado antes de enfrentar una gran reunión que puede cambiar tu vida, pero (como muchos consejos) es más fácil decirlo que hacerlo.

Todo lo que cualquier «jurado» quiere sentir es que han conocido al real, sin adornos, auténtico, único, interesante... tú. Esto debería ser fácil, pero las expectativas son altas. A nadie le gusta ser juzgado. La expresión natural se inhibe. El momento puede sobrepasarnos.

Si conocieras al mismo individuo o individuos en un escenario informal sin que te juzguen, el tú natural entraría en escena de forma espontánea. Con práctica y ensayo, tu confianza aumentará (como se muestra en la siguiente sección). Luego tu actuación obtendrá un grado de espontaneidad preparada, de manera que serás visto lo mejor posible ¡o aún mejor!

Sé tú mismo; todos los demás puestos ya están ocupados.
OSCAR WILDE

Per-
fecto

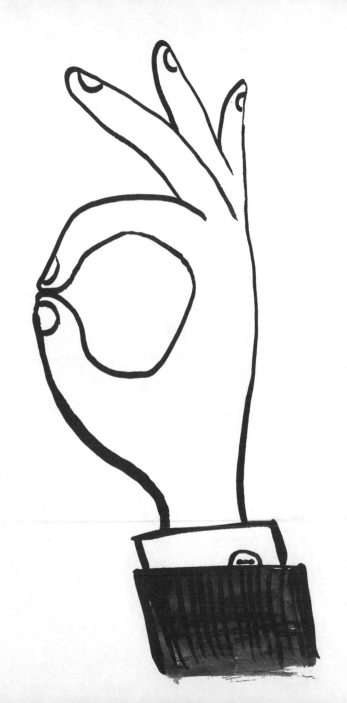

Esfuérzate; sé perfecto.

William Shakespeare, *Sueño de una noche de verano*

TRUCOS DE SEGURIDAD Y CONFIANZA

✓ Conserva la calma. Prepárate.

✓ Mantén las cosas simples. Menos es más.

✓ Juega con tus fortalezas.

✓ Domina tus palabras iniciales.

✓ Practica en voz alta.

✓ Ensaya, ensaya, ensaya.

✓ Ensaya con público.

✓ Siéntete cómodo con los gráficos y apoyos visuales.

✓ Familiarízate con el lugar.

✓ Memoriza tus indicadores.

✓ No intentes bromear.

✓ La narración sale natural.

✓ Camina erguido para sentirte alto.

✓ Pausa... Pausa... Pausa.

✓ No te apresures en contestar las preguntas.

✓ Para actuar el papel, observa la obra.

✓ Respira profundo antes de empezar.

✓ Mira hacia arriba, no hacia abajo.

✓ Trata a la audiencia como a un amigo.

✓ Confía en tus instintos.

✓ Ah... ¡Y lávate los dientes!

CÓMO LONDRES ATRAJO Y GANÓ LOS OLÍMPICOS

La candidatura de Londres como sede de los Juegos Olímpicos fue un lanzamiento ganador, pero el *cómo* triunfó esta propuesta lo volvió perfecto. Para ganar se tuvo que vencer a dos ciudades, París y Madrid, ambas fuertemente favorecidas.

Remplazar a la líder original de la licitación, la empresaria estadounidense Barbara Cassani por Lord Coe fue una decisión temprana y fundamental. Fue *ethos* escrito en grande. Los miembros del Comité Olímpico Internacional COI jamás habrían visto a una persona no deportista como uno de ellos, pero Coe sí lo era.

Todas las ciudades candidatas hicieron su *tarea,* pero Londres pareció *escuchar* con más atención a los expertos de candidaturas pasadas y de los medios. Entendió mejor el proceso de la decisión del COI. Muchos de los votos de los 107 miembros del comité serían para las alineaciones nacionales, pero había un grupo vital de votantes «flotando» y ese fue su objetivo.

Preseleccionadas por sus propuestas técnicas, cinco ciudades cumplieron los criterios para realizar un evento exitoso. La única manera de convencer a los votantes para que actuaran a favor de Londres sería persuadirlos de *reaccionar a una emoción*.

Un ejercicio de ponerse en los zapatos de los jueces le dio a esta candidatura el conocimiento emocional necesario. Como explicó el vicepresidente Alan Pascoe: «Seguíamos preguntándonos en nombre del COI: ¿Qué les ofrece Londres? ¿En qué les beneficia?».

La respuesta, articulada en *menos de 50 palabras*, hablaba de hacer una diferencia: «La visión de Londres es alcanzar a la gente joven alrededor del mundo para conectarlos con el poder estimulante de los Juegos, a fin de que se inspiren y elijan hacer deporte».

La promesa cautivadora y convincente fue reforzada por el deseo tangible de Londres, su *hambre*, demostrada por «embajadores» como David Beckham y sir Steven Redgrave, pero tal vez de manera más contundente por el entonces primer ministro Tony Blair.

La cumbre del G8 le impidió estar en la presentación, pero en los días anteriores, visitó Singapur y se reunió de forma individual, durante unos 30 minutos, con más de 30 miembros del COI. Puso su *pasión* personal en juego. El presidente de Francia, Chirac, se mantuvo apartado.

Cuando llegó la *hora del show*, Londres creó una *experiencia teatral* que, mientras emocionó a los televidentes de todo el mundo, tenía un solo propósito: relacionarse de forma emocional con los jueces del COI. Para prepararse, diez ensayos son la costumbre, *fracasar al ensayar* no fue una opción.

Un elenco brillante, incluyendo a la princesa Ana, el alcalde de Londres, un secretario de Estado, el campeón olímpico Denis Lewis y más de 30 niños (la encarnación de la promesa de inspirar) se mostraron a la altura de forma estupenda. Meses de esfuerzo meticuloso, *decoro,* culminaron en una actuación maravillosa, una *sprezzatura* inolvidable.

En todo momento, el *liderazgo* y la elocuencia de Lord Coe fueron fundamentales para la candidatura, pero el momento más *memorable* y quizá el más significativo, fue su *contar una historia,* una historia que atrapó la esencia de la propuesta de Londres.

«Cuando tenía 12 años, fui a un gran salón de la escuela con mis compañeros. Nos sentamos frente a una antigua televisión en blanco y negro y vi imágenes de los Juegos Olímpicos de México... Ese día se me abrió una ventana a un nuevo mundo... Supe qué quería hacer y lo que quería ser... Hoy, me paro ante ustedes con aquellos recuerdos todavía frescos, todavía inspirado por este gran movimiento».

Muchos meses después de la victoria de Londres, le preguntaron a Lord Coe si había alguna cosa que él sintiera que estaba en el centro de su éxito. Su respuesta fue: «Todo estuvo en la conexión emocional».

ALGUNOS ESCRITORES PERSUASIVOS

Bayley, Stephen y Roger Mavity.
Life's a Pitch.

Crowley, Sharon y Debra Hawhee.
Ancient Rhetorics for Contemporary Students.

Gallo, Carmine.
Talk Like TED.

Goyder, Caroline.
Gravitas [trad. esp.: *El método Gravitas*, Ariel, México, 2015].

Kean, David.
How Not to Come Second.

Leith, Sam.
You Talkin' to Me? [trad. esp.: *¿Me hablas a mí? La retórica de Aristóteles a Obama*, Taurus, 2012].

EQUIPO DE DISEÑO

El *cómo lo dices* es el concepto central de este libro. Así que la apariencia y la sensación, junto con las ideas visuales, son muy importantes.

Mi agradecimiento al extremadamente talentoso Jim Salter, un premiado y antiguo director de arte en Saatchi & Saatchi, y a la ilustradora Sandra Salter, nominada a los premios BAFTA por su trabajo de animación.
www.saltysanimation.co.uk

Notas

Pensuadir

"HABLAR"

COMUNICACIÓN

Entrevistar

Recaudación
de fondo$

Involucrar

dan discursos
influenciar

PROMOVER

Actuar

LANZAR

Michael Parker es uno de los asesores de *pitch* (presentación y lanzamiento) más experimentados de Reino Unido. Ha participado en más de 1 000 presentaciones (muchas exitosas, otras no, ¡pero de todas se aprende!). Además, Michael compitió como corredor de vallas en dos Juegos Olímpicos, así que sabe bien qué se necesita para actuar bajo presión. Ahora nos trae esta experiencia y sus instintos competitivos al *couching*, desde las entrevistas privadas hasta los discursos frente a un público masivo: www.pitchcoach.co.uk